해와 달이 된 오누이가 태양계를 만들어

글쓴이 이지민

2003년 경북 포항에서 태어났습니다. 중학교 재학 중 미국으로 유학을 가 The Walker School에 다니고 있습니다.
초등학교 시절 물리학자가 되겠다는 다짐을 한 후 계속하여 물리학 공부를 하였으며 Physics Unlimited Premier Competition이라는
국제 물리 대회에서 2020년 공동 금메달, 2021년 금메달을 획득했습니다. 생물리학, 역학, 고체물리학 분야에서 스스로 다양한
연구 활동을 하고 있으며, E.S.C.라는 교육 비영리 단체를 운영하며 저소득층 가정 자녀 및 지역 사회를 대상으로 교육 봉사를 하고 있습니다.

그린이 김윤정

만화 예술학을 전공하고, 영국에서 어린이 문학과 일러스트레이션, 디자인을 공부했습니다.
어려운 이야기를 재밌고 귀여운 그림으로 그리는 걸 좋아합니다. 그린 책으로 《꽃물그릇 울퉁이》, 《시끌벅적 할 말 많은 곤충들》,
《달에서 온 뽕야 시리즈 3권》, 《오찍이》, 《열하일기로 떠나는 세상 구경》, 《북한 떡볶이는 빨간 맛? 파란 맛?》,
《나만 알고 싶은 미래 직업》, 《논어, 공자와 제자들의 인생 수다》, 《누군가 나를 지켜보고 있어》 시리즈 등이 있습니다.

과학 품은 전래 동화
해와 달이 된 오누이가 태양계를 만들어

초판 1쇄 발행 2022년 4월 25일 | **초판 2쇄 발행** 2022년 11월 11일
글쓴이 이지민 | **그린이** 김윤정
펴낸이 홍석 | **이사** 홍성우 | **편집부장** 이정은 | **편집** 김세영 · 박고은 · 조유진 | **디자인** 권영은 | **외주 디자인** 신영미
마케팅 이송희 · 한유리 · 이민재 | **관리** 최우리 · 김정선 · 정원경 · 홍보람 · 조영행 · 김지혜
펴낸곳 도서출판 풀빛 | **등록** 1979년 3월 6일 제2021-000055호 | **제조국** 대한민국 | **사용 연령** 6세 이상
주소 서울 강서구 양천로 583, 우림블루나인 비즈니스센터 A동 21층 2110호
전화 02-363-5995(영업) 02-362-8900(편집) | **팩스** 070-4275-0445
전자우편 kids@pulbit.co.kr | **홈페이지** www.pulbit.co.kr
블로그 blog.naver.com/pulbitbooks | **인스타그램** instagram.com/pulbitkids

ISBN 979-11-6172-456-0 73400

ⓒ 이지민, 김윤정

*책값은 뒤표지에 표시되어 있습니다. *파본이나 잘못된 책은 구입하신 곳에서 바꿔 드립니다.
*종이에 베이거나 긁히지 않도록 조심하세요. *책 모서리가 날카로우니 던지거나 떨어뜨리지 마세요.

과학 품은 전래 동화

해와 달이 된 오누이가 태양계를 만들어

이지민 글 | 김윤정 그림

차례

이 책의 특징 ··· 6

토끼전 8

전래 동화가 품은 과학①
용왕은 왜 하필 '간'이 필요했을까? ··· 18
우리 몸속의 소화 기관을 알아볼까? ··· 20

해와 달이 된 오누이 22

전래 동화가 품은 과학②
해와 달이 된 오누이는 어떻게 지내고 있을까? ··· 32
태양의 친구들을 소개할게 ··· 34

흥부와 놀부 36

전래 동화가 품은 과학③
제비는 왜 남쪽으로 날아갔다가 돌아왔을까? ··· 46
제비가 잘 보이지 않는 이유는 뭘까? ··· 48

혹부리 영감 50

전래 동화가 품은 과학④
도깨비들아! 혹이 소리를 만든다고? … 60
우리가 못 듣는 소리도 있다고? … 62

요술 맷돌 64

전래 동화가 품은 과학⑤
정말 요술 맷돌 때문에 바닷물이 짠 걸까? … 74
추운 겨울에도 바닷물이 잘 얼지 않는 이유는? … 76

설문대 할망 78

전래 동화가 품은 과학⑥
설문대 할망은 정말 제주도를 만들었을까? … 88
그렇다면 언젠가 한라산도 폭발하는 거 아닐까? … 90

이 책의 특징

〈해와 달이 된 오누이가 태양계를 만들어〉
이렇게 읽어 봐!

전래 동화
우리가 잘 아는 전래 동화가 교과서 속 과학을 품고 있대!

생동감 있는 삽화
우와, 동화책이야, 그림책이야? 그림이 많아서 술술 읽혀!

재미난 만화
때로는 재미난 만화로 전래 동화를 읽어 봐! 다 아는 이야기라도 100배 더 재밌다고!

그림으로 배우는 과학

각 전래 동화가 품고 있는 가장 중요한 과학 내용을 질문과 답으로 정리해 놓았어.

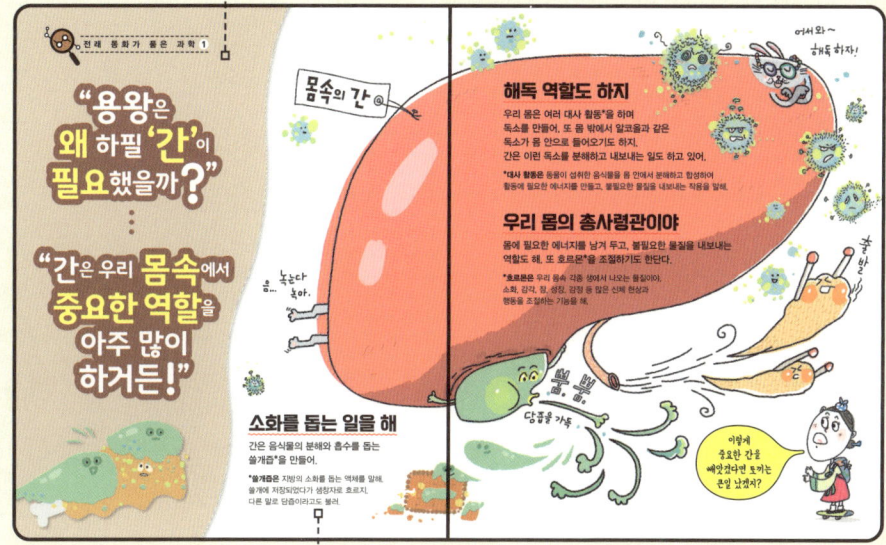

핵심만 쏙 뽑아서 머릿속에 쏙쏙! 잘 모르는 단어는 꼼꼼하게 설명되어 있어.

한걸음 더 과학

더 폭넓게 배워 볼까? 앞에서 만난 것보다 한 발짝 더 나간 과학 내용을 알아보자.

밑줄 쫙!
핵심 요약!
이것만은 꼭 알아 둬!

토끼전

바다 깊은 곳, 크고 아름다운 용궁에 놀고먹기를 좋아하는 용왕이 살았어. 백성들을 잘 다스리는 것보다 먹고 노는 것에 관심이 많았지.

그러던 어느 날 용왕에게 큰 병이 났어. 용하다고 소문난 의원들 모두 고개를 저었어. 다들 용왕이 죽을 날만 남았구나 생각했지.

그런데 마지막으로 용왕을 진찰한 한 의원이 말했어.

"뭍으로 나가 토끼의 간을 구해 오세요. 이 병은 토끼의 간을 먹으면 나을 수 있어요."

신하들은 아무도 대꾸하지 않았어. 잉어는 눈만 끔뻑끔뻑, 문어는 다리만 덜덜 떨 뿐이었어. 누가 뭍으로 나가냐, 이게 문제였거든.

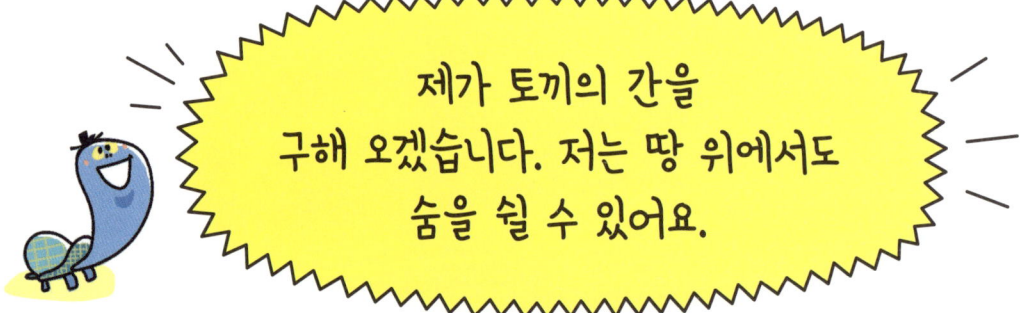

뭍으로 나가면 숨을 못 쉬어 죽거나, 사람에 잡혀 몹쓸 짓을 당할 테니까.

제가 토끼의 간을 구해 오겠습니다. 저는 땅 위에서도 숨을 쉴 수 있어요.

그때 자라가 나섰어. 자라의 용기가 고마운 용왕은 토끼의 간을 구해 오면 큰 상을 내리겠다고 약속했어.

　자라는 그렇게 뭍으로 올라갔어. 그리고 만나는 동물들마다 귀가 길고, 털이 부숭부숭한 토끼를 보지 못하였냐고 물었지.

　얼마나 오래 숲을 헤맸을까? 자라는 드디어 수풀 밖에 빼꼼 튀어나온 토끼의 귀를 발견했어.

　"아이고, 토 선생님! 여기 계셨군요."

　수풀에서 풀을 뜯어 먹던 토끼가 슬그머니 고개를 빼고 물었어.

　"저를 아세요?"

　토끼가 의아하다는 듯 묻자, 자라가 말했어.

"토 선생님의 훌륭하신 성품과 명민함이 바다 깊은 곳까지 소문이 자자합니다. 그 소문을 들으신 용왕님께서 토 선생님을 용궁으로 모셔 오라고 하셨어요!"

토끼는 고개를 갸웃했어. 자신이 아무리 똑똑해도 바닷속까지 소문이 났다니, 이상했지. 더 이상한 건 자라가 말하길 용궁에 가면 용왕이 높은 벼슬도 주고, 재물도 주고, 멋진 집도 준다는 거야.

토끼는 호기심이 생겨 자라를 따라가 보기로 했어.

"그 용궁이 어딘지 한번 가 보기나 합시다."

그렇게 토끼는 자라를 따라나섰어. 자라 등 위에서 구경하는 바닷속은 정말 멋졌어. 알록달록 화려한 산호초들은 숲속의 들꽃보다 더 신비로워 보였지.

토끼는 생각했어. 정말 용궁에서 살아도 괜찮겠다고 말이야.

그때 토끼를 태운 자라도 생각했어. 이제 자신은 아주 높은 벼슬에 오르고, 재물도 얻게 될 거라고.

그러나 막상 용궁에 도착하자 토끼의 간이 콩알만 해졌어. 물고기들이 다짜고짜 커다란 칼을 들고 쫓아오지 뭐야!

토끼가 당황한 눈빛으로 용왕과 자라를 번갈아 쳐다봤어.

"미안합니다. 토 선생. 우리 용왕님이 나으시려면 토 선생님의 간이 꼭 필요합니다."

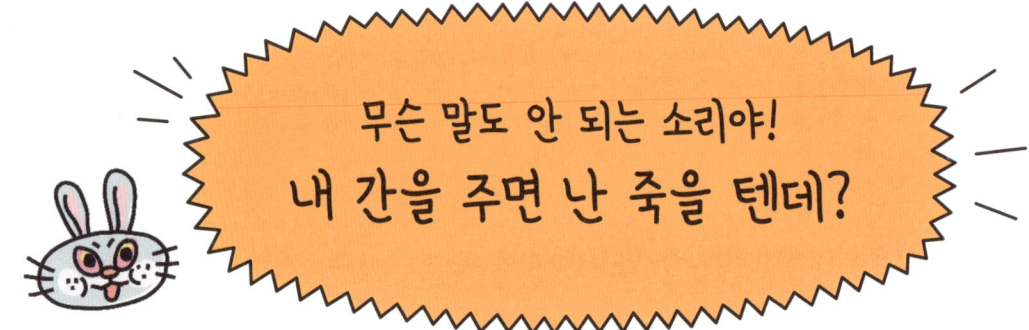

무슨 말도 안 되는 소리야!
내 간을 주면 난 죽을 텐데?

이런 생각에 토끼의 하얀 얼굴이 새파랗게 질렸어.

토끼는 이제야 자라에게 속은 것을 깨달았어. 그리고 고개를 세차게 흔들며 말했어.

"이보세요, 자라 선생님. 토끼는 간을 빼놓고 다니는 걸 모릅니까? 진작 이야기를 하시지……."

그리고 원래 토끼란 동물은 낮에는 간을 빼서 나무에 걸어 둔다고 말했어. 용왕과 신하들은 어리둥절했지. 이 세상에 간을 뺐다가 넣었다가 하는 동물이 있었나?

하지만 토끼도 자라처럼 말솜씨가 좋았어. 얼굴색 하나 변하지 않고 거짓말도 잘했지.

"용왕님, 얼른 자라 선생님과 제가 다시 가서 간을 가져오겠습니다."

용왕이 생각하기에 토끼가 거짓말을 하고 있는 것 같진 않았거든.

"좋아. 그럼 자라 자네가 얼른 토끼를 데려가 간을 가져오게."

자라와 토끼는 다시 땅 위로 허겁지겁 올라왔어. 자라는 토끼를 내려 주며 말했어.

"토 선생님, 서두르세요. 해가 지면 용궁으로 가는 길이 험해집니다."

토끼는 자라의 등 위에서 깡충 뛰어내리며 말했어.

"험하든 말든 상관없어요. 전 용궁으로 다시 안 돌아가니까요! 참, 간은 제 배 속에 잘 있답니다. 누가 간을 빼서 나무에 걸어 놓는단 말을 믿습니까? 멍청이도 아니고."

토끼의 말에 자라가 화들짝 놀라 토끼에게 달려갔어.

하지만 토끼는 껑충껑충 큰 걸음으로 멀리 도망가 버렸지.

전래 동화가 품은 과학 ①

"용왕은 왜 하필 '간'이 필요했을까?"

"간은 우리 몸속에서 중요한 역할을 아주 많이 하거든!"

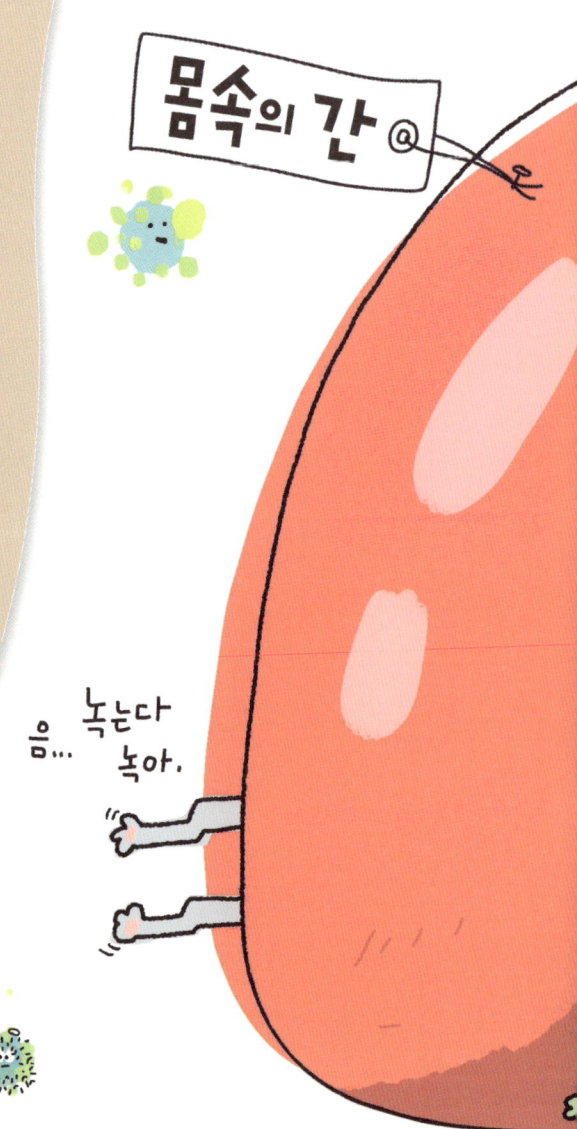

몸속의 간

음... 녹는다 녹아.

소화를 돕는 일을 해

간은 음식물의 분해와 흡수를 돕는 쓸개즙*을 만들어.

***쓸개즙**은 지방의 소화를 돕는 액체를 말해. 쓸개에 저장되었다가 샘창자로 흐르지. 다른 말로 담즙이라고도 불러.

해독 역할도 하지

우리 몸은 여러 대사 활동*을 하며 독소를 만들어. 또 몸 밖에서 알코올과 같은 독소가 몸 안으로 들어오기도 하지. 간은 이런 독소를 분해하고 내보내는 일도 하고 있어.

*대사 활동은 동물이 섭취한 음식물을 몸 안에서 분해하고 합성하여 활동에 필요한 에너지를 만들고, 불필요한 물질을 내보내는 작용을 말해.

우리 몸의 총사령관이야

몸에 필요한 에너지를 남겨 두고, 불필요한 물질을 내보내는 역할도 해. 또 호르몬*을 조절하기도 한단다.

*호르몬은 우리 몸속 각종 샘에서 나오는 물질이야. 소화, 감각, 잠, 성장, 감정 등 많은 신체 현상과 행동을 조절하는 기능을 해.

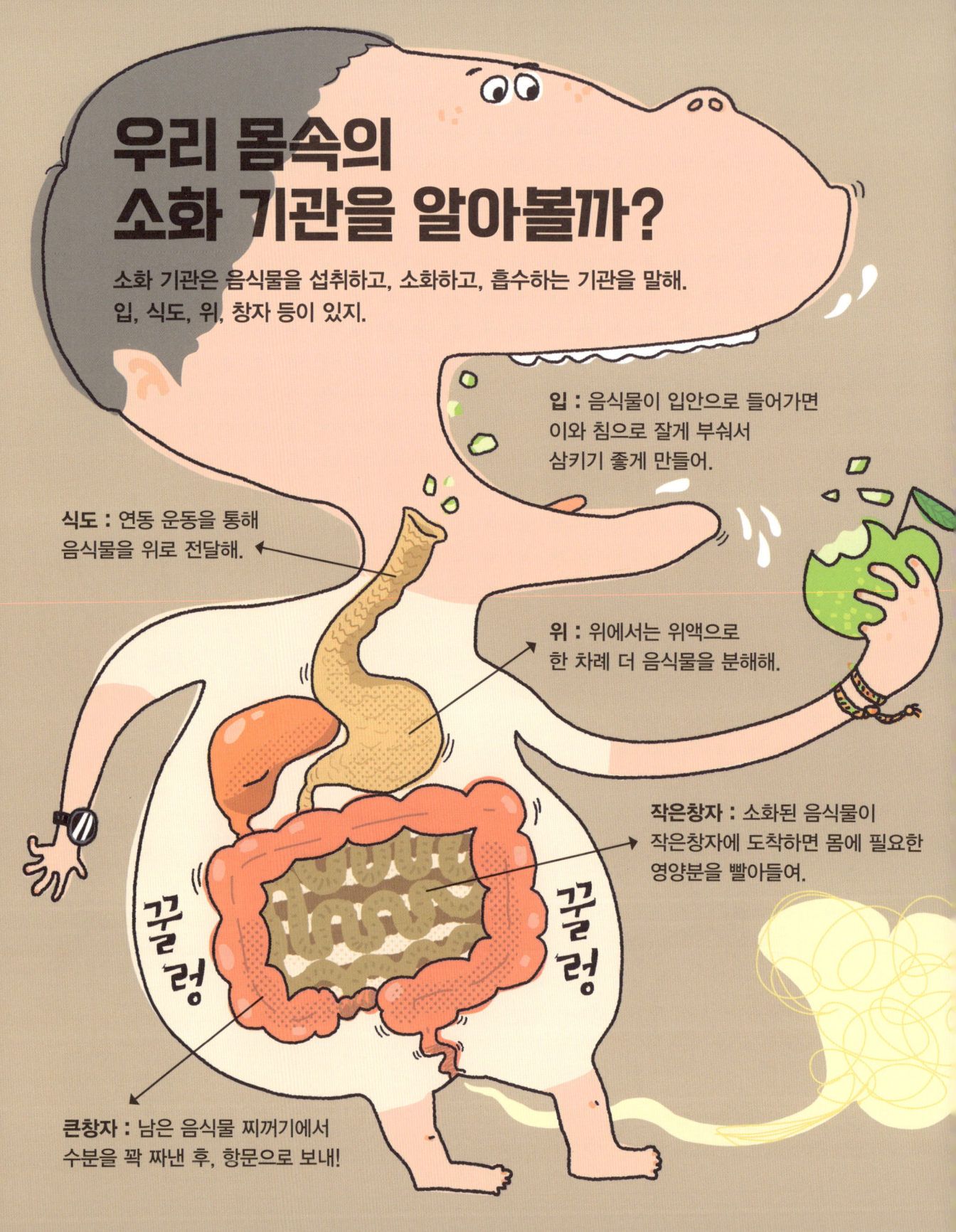

해와 달이 된 오누이

어느 깊은 산골에 다정한 오누이와 홀어머니가 살았어. 어느 날, 어머니가 남의 집 잔치에서 음식 만드는 것을 돕고, 오누이에게 줄 음식을 싸서 집으로 돌아가던 길이었어.

어머니 앞에 호랑이 한 마리가 나타나 말했어.

"떡 하나 주시오!"

어머니는 덜덜 떨리는 손으로 호랑이에게 떡 하나를 던져 주고 도망쳤어. 얼마나 내달렸을까, 한 고개를 넘고 뒤돌아봤어. 그러나 호랑이는 어느새 성큼성큼 달려와 어머니 앞에 멈춰 서 있었지.

"에구머니나!"

"어멈, 나는 이 산을 앞마당 삼아 노는 호랑이요. 도망갈 생각 말고 떡 하나 더 주시게나!"

어머니는 다리에 힘이 풀려 바닥에 주저앉으며 말했어.

"이젠 정말 아이들 줄 떡밖에 없어요."

호랑이는 고개를 저으며 말했어.

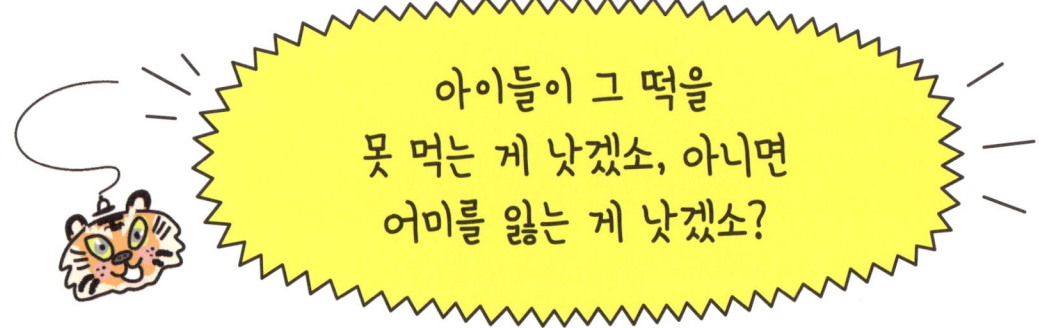

아이들이 그 떡을 못 먹는 게 낫겠소, 아니면 어미를 잃는 게 낫겠소?

어머니는 화들짝 놀라 바리바리 싸온 음식을 모두 줘 버렸어. 그리고 또 뒤도 돌아보지 않고 달렸지. 고개 하나를 더 넘었을 때 설마설마하

며 고개를 돌렸는데, 그 자리에 호랑이가 또 떡하니 앉아 있는 거야!

"어멈이 준 것을 다 먹어 치워도 간에 기별도 안 가네."

그러더니 호랑이는 오누이의 어머니를 잡아먹었어.

그런데 더 끔찍한 건 여기서 끝이 아니란 거야. 호랑이는 아직도 배가 고팠어. 그래서 어머니가 말했던 아이들을 잡아먹으러 찾아갔지.

호랑이는 걸걸한 목소리로 오누이 집 문 앞에서 소리쳤어.

"얘들아, 엄마 왔다. 문 열어라!"

오누이는 고개를 갸웃했어. 엄마 목소리는 이렇게 거칠지 않거든.

"엄마 목소리가 아닌데, 누구세요?"

호랑이는 큼큼 목을 가다듬더니 다시 말했어.

"오는 길에 찬바람을 맞아 감기가 들었나 보구나. 얼른 문 좀 열어 주렴."

아무래도 수상했던 오라비는 호랑이에게 손을 보여 달라고 했어. 호랑이는 커다랗고 털이 북실북실한 앞발을 문 안으로 쑥 넣었지.

오누이는 깜짝 놀라 서로 눈을 마주쳤어. 누가 봐도 호랑이 앞발이었으니까.

호랑이가 대답 없는 오누이를 더는 기다리지 못하고 문을 부숴 버렸어. 깜짝 놀란 동생은 황급히 말했어.

"어머니, 저 똥이 너무 마려워요. 오라버니, 나 혼자 화장실 가기 무서우니 같이 가자."

오누이는 서로의 손을 붙잡고 마당으로 뛰었어. 그리고 마당의 나무 위로 황급히 올라갔지.

호랑이는 오누이가 어디에 숨었는지 온 집안을 뒤지다가 그제야 나무 위에 올라간 오누이를 발견했어.

호랑이가 오누이를 잡으러 나무에 올라가려는데, 자꾸만 미끄러지는 거야.

"나무가 왜 이렇게 미끄러워! 거기 어떻게 올라간 거야!"

누이가 호랑이를 약 올리며 말했어.

"나무에 참기름 바르며 올라왔지요."

그러고는 오라비에게 귓속말을 했어.

"도끼로 나무 기둥을 찍으며 올라오면 되는데, 바보."

근데 소리가 너무 컸나 봐. 호랑이가 다 들어 버렸지 뭐야.

호랑이는 마당 구석에 놓여 있던 도끼로 나무 기둥을 쿵, 쿵 찍으며 올라가기 시작했어.

오누이는 손을 맞잡고 기도했어.

"하느님, 저희를 살려 주시려거든 튼튼한 동아줄을 내려 주시고, 아니라면 썩은 동아줄을 내려 주세요."

바로 그때 거짓말처럼 하늘에서 동아줄이 내려왔어. 오누이는 동아줄을 꼭 잡고 하늘로 올라갔어. 이를 지켜보던 호랑이가 오누이를 따라 기도했어.

"하느님, 저를 살려 주시려거든 튼튼한 동아줄을 내려 주시고, 아니라면 썩은 동아줄을 내려 주세요."

호랑이에게도 금세 동아줄 하나가 내려왔어. 하지만 하늘에서 호랑이를 살릴 생각은 없었나 봐.

　호랑이가 동아줄을 낚아채 매달리자마자 군데군데 썩어 있던 동아줄이 끊어져 쿵 하고 바닥에 떨어졌으니까. 호랑이는 그렇게 나무에서 떨어져 죽었어.
　아, 오누이는 어떻게 되었냐고? 오라비는 하늘의 달이, 누이는 하늘의 해가 되어 오래오래 하늘을 빛냈단다.

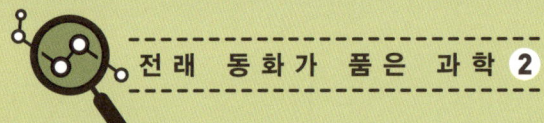 전래 동화가 품은 과학 ❷

"해와 달이 된 오누이는 어떻게 지내고 있을까?"
...

"해는 낮을 밝히고, 달은 햇빛을 반사하여 밤을 밝히고 있어!"

난 혼자서도 잘 돌지,
빙글르 ←지구

태양

모든 생명체들의 빛, 태양

반지름이 약 70만 킬로미터로, 태양계*에서 가장 큰 천체*야.
뜨거운 열과 빛을 내뿜어. 표면 온도는 6천 도래. 태양 덕분에 지구의 모든 생명체가
살아갈 수 있어. 지구가 자전*하는 각도에 따라 태양의 빛을 받는 곳은 낮,
받지 않는 곳은 밤이 되는 거야.

*태양계란 태양의 영향을 받는 천체들을 말해.
*천체는 우주에 존재하는 모든 물체를 말해. 항성, 행성, 위성 등을 포함하지.
*자전이란 천체가 한 곳을 중심으로 스스로 도는 걸 말해.

매일 달라지는 달

태양보다 훨씬 작아. 반지름이 약 1,740킬로미터지.
스스로 빛을 내진 못해. 대신 태양이 내뿜는 빛을 반사하여 밤을 밝혀.
표면 온도는 들쑥날쑥해. 최저 영하 170도에서 최고 영상 130도까지
약 300도 차이가 나지. 달은 지구를 공전*하는데, 이 때문에 태양의 빛을
받는 부분이 달라지면서 우리 눈에 보이는 모양이 매일 바뀌어.

*공전이란 하나의 천체가 다른 천체의 중력에 영향을 받아 그 주위를 도는 걸 말해.

태양의 친구들을 소개할게

목성: 태양계에서 가장 커다랗고 무거운 행성이야. 부피가 지구의 1,300배나 돼.

금성: 지구와 가장 가까운 행성이야. 아주 밝아서 지구에서도 잘 보여.

태양: 나는 같은 자리에서 스스로 빛을 내는 항성이야.

지구: 태양계에서 유일하게 산소, 물 등이 존재해. 생명체가 살기 좋은 유일한 행성이지.

태양계 행성들은 태양을 공전해.

수성: 태양과 가까운 행성이야. 태양계 행성 중에 가장 작아.

화성: 지구처럼 계절의 변화와 얼음이 존재해. 그래서 사람들이 관심이 아주 많아.

흥부와 놀부

옛날에 흥부와 놀부라는 형제가 살았어. 동생인 흥부는 가난했지만, 마음씨가 착했어. 형인 놀부는 돌아가신 부모님의 재산을 혼자 다 차지하여 부자였지만, 남을 돕지 않는 못된 사람이었지.

가난한 흥부는 자식이 열두 명이나 있었어. 아무리 허리띠를 졸라매도 매일 배가 고팠어. 먹여 살려야 할 입이 많았으니까.

하루는 흥부가 형 놀부에게 사정했어.

"형님, 아이들이 배가 고파 울고 있어요. 먹을 것 좀 나눠 주세요."

놀부는 콧방귀를 뀌었어.

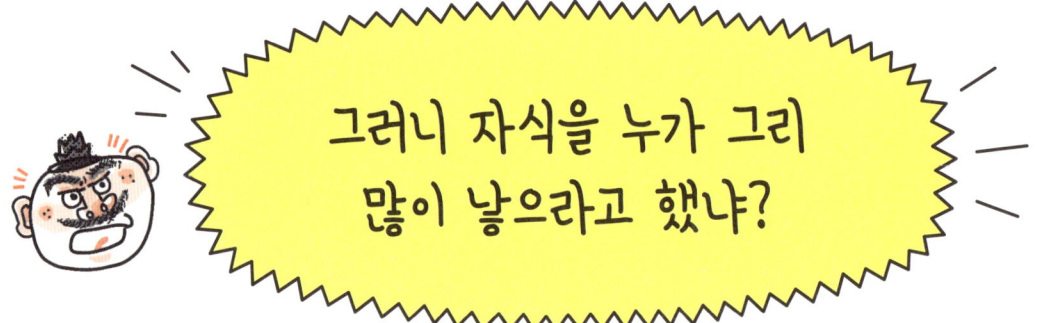

그러니 자식을 누가 그리 많이 낳으라고 했냐?

놀부 마누라는 한술 더 떠 밥을 푸던 주걱으로 흥부의 뺨을 때렸어. 배가 너무 고팠던 흥부는 뺨에 붙은 밥풀을 떼어 먹으며 집으로 돌아갔지.

그러던 어느 날, 한 스님이 흥부네 집 앞을 지나갔어. 흥부의 딱한 사정을 들은 스님은 좋은 집터를 알려 주었어. 그곳에 집을 짓고 살면 형편이 좋아질 거라고 말하면서.

　흥부네 가족은 스님이 알려 준 집터에 새로 집을 지었어. 그리고 그 집에 제비 한 마리도 따라 들어와 둥지를 지었지.

　제비는 둥지에 알을 낳았고, 얼마 지나지 않아 흥부네 자식들처럼 올망졸망 작고 귀여운 제비 새끼들이 태어났어.

　그런데 어느 날, 둥지 주변에 구렁이가 나타났어. 뒤늦게 흥부가 새끼 제비들을 지켜 주려 했지만, 이미 늦었지. 단 한 마리의 새끼만 둥지에서 떨어지면서 살아남았어.

흥부는 둥지에서 떨어지면서 다친 제비의 다리를 정성껏 치료해 주었어. 먹이도 주고, 물도 주면서 보살펴 주었어. 제비는 덕분에 건강을 회복했고 무럭무럭 자랐어.

건강해진 제비는 날이 추워지자 따뜻한 남쪽으로 날아갔어. 흥부도 흥부 가족도 제비가 어디서든 무사히 잘 지내길 빌어 주었고 말이야.

계절이 바뀌어 날씨가 제법 따듯해지자, 다리를 치료해 주었던 제비가 흥부네 집에 돌아왔어. 입에 박씨를 문 채로.

흥부는 제비가 물고 온 박씨를 심었어. 박씨는 새끼 제비가 그랬던 것처럼 무럭무럭 자랐어. 흥부네 지붕에는 탐스러운 박이 주렁주렁 열렸어. 배가 고프니 그거라도 갈라서 먹어야겠지?

흥부와 흥부의 아내는 커다래진 박을 영차영차 갈랐어. 그런데 이게 무슨 일이야? 갈라진 박 사이로 쌀이 쏟아져 나오잖아!

흥부네 가족은 영문도 모른 채 신이 나 손뼉을 쳤어.

"여보, 이제 우리 모두 배불리 먹을 수 있겠네!"

　흥부는 또 다른 박을 따 와 얼른 갈라 보았어. 두 번째 박 안에서는 온갖 보물이 쏟아져 나왔지.

　신이 난 흥부 부부는 세 번째 박도 갈랐어. 세 번째 박 안에서는 건장한 일꾼들이 튀어나와 뚝딱뚝딱 대궐 같은 집을 지었어.

　흥부는 이렇게 마을에서 제일가는 부자가 되었어. 자식들도 더는 굶을 일이 없었지. 사람들은 착한 흥부가 복을 받은 거라며 축하해 주었어. 단 한 사람만 빼고.

"흥부 이놈아, 어떻게 부자가 된 거냐?"

놀부가 묻자, 흥부는 있었던 일들을 모두 이야기해 주었어.

놀부는 흥부의 말을 듣고 제비 한 마리를 잡아 와 다리를 똑 부러뜨렸어. 그리고 모른 척 제비 다리를 치료해 주었지.

놀부의 제비는 날이 추워지자 남쪽으로 날아갔고, 봄이 되어 다시 돌아왔어. 흥부의 제비처럼 박씨를 입에 물고서 말이야.

놀부는 신이 나서 제비가 물고 온 박씨를 심었어. 놀부네 지붕에도 박이 주렁주렁 열렸고, 놀부 부부는 신이 나서 박을 갈랐어.

하지만 놀부네 박에서는 쌀이 아니라 도둑들이 튀어나왔어! 도둑들은 놀부의 곳간을 모두 털어가 버렸지.

"두 번째 박에는 분명 보물이 있을 거야!"

두 번째 박에서는 더러운 똥물만 넘쳐흘렀어. 똥물을 뒤집어 쓴 놀부 부부는 마지막 남은 박에는 제발 보물이 들어 있기를 빌며 박을 갈랐어.

마지막 박에서는 무시무시한 도깨비들이 튀어나왔어. 놀부 부부는 흠씬 두들겨 맞았지.

놀부 부부는 순식간에 거지꼴이 되어 버렸어. 온몸 가득 지저분한 똥 냄새를 풍기고, 당장 오늘 먹을 쌀 한 톨 남지 않았어. 이 소식을 들은 사람들은 놀부가 벌을 받았다고 고소해했어. 단 한 사람만 빼고.

"형님, 이게 무슨 꼴입니까. 얼른 저희 집에 가시지요."

못된 놀부는 그렇게 무시하던 동생 흥부의 도움으로 겨우 먹고 살게 되었대.

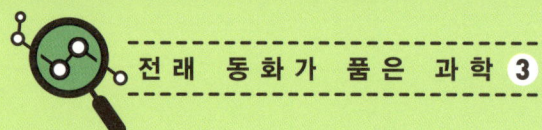

전래 동화가 품은 과학 ❸

"제비는 왜 남쪽으로 날아갔다가 돌아왔을까?"

"제비는 겨울에는 따듯한 지역으로 이동하는 여름 철새거든!"

안녕—, 검은댕기해오라기

안녕, 제비야—

난 참새. 넌? 나? 딱새

텃새

참새, 까치, 꿩, 딱새 등 우리나라에서 사계절 내내 볼 수 있는 새들을 텃새라고 해.

깍— 까악—

철새란 계절에 따라 사는 곳을 옮기는 새들을 말해.
여름 철새와 겨울 철새로 구분하지.
또 계절이 변해도 사는 곳을 옮기지 않는 텃새도 있어.

여름 철새

백로, 물총새, 제비, 해오라기 등
따뜻한 봄, 여름에는 우리나라에서 지내고,
겨울이 되면 따뜻한 남쪽으로
이동하는 새를 여름 철새라고 해.

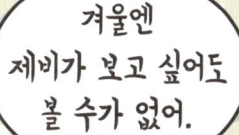

겨울 철새

개똥지빠귀, 기러기, 고니, 청둥오리 등
가을에 찾아와 겨울을 지내고,
따뜻한 날씨가 되면 추운 곳으로
이동하는 새를 겨울 철새라고 해.

제비가 잘 보이지 않는 이유는 뭘까?

예로부터 사람들은 제비가 둥지를 튼 집에는 복이 들어와서 농사가 잘되고, 부자가 된다고 생각했대. 그런데 그 많던 제비가 다 어디로 간 거지?

비비비빅

다녀올게~

농업 기술이 발달하며, 농작물을 해치는 벌레를 잡기 위한 살충제 사용이 늘어났어. 더욱 쉽고 빠르게 수확을 늘리고 싶었던 거야.

때문에 제비는 살 곳을 잃거나 먹을 게 없어졌고, 먹는다고 해도 살충제에 노출된 벌레를 먹게 되었지.

온갖 화학 물질이 묻은 벌레를 먹은 제비는 몸무게가 줄고, 비행 실력도 떨어졌어. 새끼도 덜 낳게 되어 제비 전체 수가 줄어들었지.

제비는 서울시 **보호 야생 생물**로 **지정**되어 **보호**받고 있어.

하지만 난 참새.

사람들은 1년에 5만 마리 이상의
해충을 잡아먹는 고마운 친구 제비를 점차 잃게 되었어.
덕분에 벌레의 숫자는 더 늘어나게 되었고
사람들은 독한 살충제를 더 쓰고 있지.

제비는 박씨만 먹는 거 아냐?

엄마야~ 고양이~

뒤늦게나마 살충제 사용과
환경 오염으로 인한 제비의 위기를
깨달은 사람들은 새를 보호하기 위한
노력을 하고 있지만, 아직 갈 길이 멀단다.

제비가... 쓰레기통을?

혹부리 영감

어느 마을에 귀 밑에 주먹만 한 혹이 달린 영감이 살았어. 사람들은 모두 그를 착한 혹부리 영감이라고 불렀지. 왜 착한 혹부리 영감이라고 불렀냐고? 같은 마을에 똑같이 혹을 달고 있지만, 욕심 많

은 혹부리 영감도 살았거든.

　어느 날 착한 혹부리 영감은 여느 때처럼 산에서 나무를 베고 있었어. 그러다가 날이 어둑어둑해진 것도 몰랐어. 날이 어두워진 것을 눈치챘을 때는, 산을 내려가기에 너무 위험해 보였지. 착한 혹부리 영감은 잠시 고민했어. 그러다가 해가 뜰 때까지 기다리기로 마음먹었어.

신기하게도 그 깊은 산속에도 빈집이 하나 있었어. 착한 혹부리 영감은 반가운 마음에 집에 들어가 누웠지만, 무서워서 잠이 오질 않았어. 무서운 들짐승이나 귀신이 나타나면 어떡해. 착한 혹부리 영감은 몸을 이리저리 뒤집었어.

혹부리 영감은 두려움을 쫓으려고 노래를 한 곡 뽑았어. 노래하기를 좋아하기도 했고, 참 잘했거든. 마을에서 소문난 가수였지.

"달아, 달아. 밝은 달아. 이태백이 놀던 달아!"

그때 착한 혹부리 영감 앞에 험상궂게 생긴 도깨비들이 나타났어.

"이게 무슨 소리야? 누가 이렇게 노래를 잘 불러?"

착한 혹부리 영감이 깜짝 놀라 바들바들 떨었어. 이제 자신은 죽은 목숨이라고 생각하면서.

도깨비들은 흥미로워하며 착한 혹부리 영감에게 물었어.

"영감은 노래를 참 잘하시네? 비법이 뭐요? 어디서 그런 청량한 목소리가 나온단 말이오?"

착한 혹부리 영감은 자신도 모르게 혹을 만지며 말했어.

"비, 비법 같은 건 없습니다……. 그냥 날 때부터 노래를 잘했어요."

도깨비들은 자연스럽게 착한 혹부리 영감의 손을 따라 혹에 눈이 갔어. 착한 혹부리 영감의 말 따위는 들리지도 않았지.

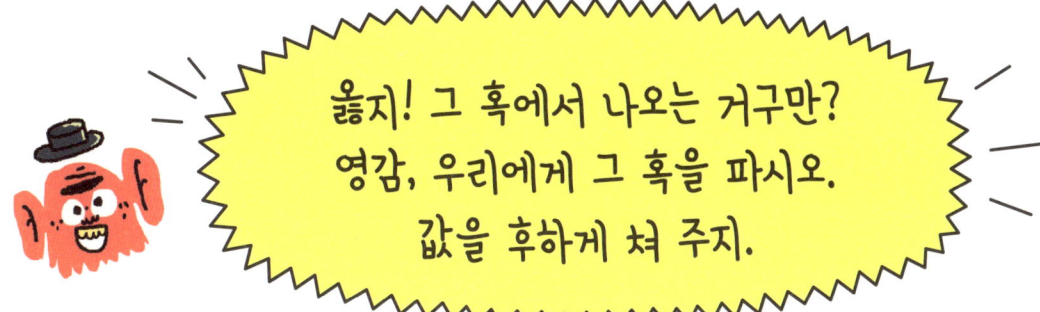

착한 혹부리 영감은 깜짝 놀라 고개를 절레절레 저었어.

"아닙니다. 아니에요! 내 노래는 이 혹에서 나오는 게 아니에요."

"어허, 이 사람. 장사 좀 하는군. 내 두 배로 주리다!"

"아이고, 아니라니까요!"

아닙니다,
아니에요.

도깨비들은 착한 혹부리 영감에게서 억지로 혹을 똑 떼어 갔어. 그리고 금은보화 두 자루를 안겨 줬지.

이 소식은 온 마을에 퍼졌어. 착한 혹부리 영감이 혹도 떼고, 금은보화도 얻어 부자가 되었다고 말이야. 물론 욕심 많은 혹부리 영감 귀에도 이 소식이 전해졌지.

"좋아. 나도 혹 좀 떼고, 재물도 얻어 보자."

욕심 많은 혹부리 영감도 산속 빈집에 찾아갔어. 그러고는 큰 소리로 노래를 부르기 시작했어.

"달아, 달아. 밝은 달아! 이태백이 놀던 달아!"

역시나 노래를 들은 도깨비들이 순식간에 나타났어. 욕심 많은 혹부리 영감은 신이 나서 말했지.

"도깨비님들! 제 노래는 바로 여기! 이 혹에서 나옵니다. 제 혹을 사 가시겠소?"

도깨비들은 왜인지 피식피식 웃었어. 그리고 욕심 많은 혹부리 영감에게 물었어.

"그 혹이 정말 그렇게 좋은 혹이란 말이오?"

욕심 많은 혹부리 영감은 혹을 덜렁거리며 고개를 세게 끄덕였어.

"맞습니다. 이 혹은 정말 귀한 혹이에요."

이 말을 들은 도깨비들은 갑자기 표정이 굳더니, 화를 냈어.

"입에 침도 안 바르고 거짓말을 하다니! 그렇게 좋은 혹이면, 하나 더 달고 가시게!"

도깨비들이 욕심 많은 혹부리 영감에게 혹 하나를 더 붙여 주었어. 앞서 착한 혹부리 영감에게서 떼어 냈던 혹이었지.

맞아. 도깨비들이 착한 혹부리 영감에게 혹을 사 봤자, 좋은 노래를 부를 수 없다는 걸 이젠 알았던 거야. 그렇게 욕심 많은 혹부리 영감은 혹을 하나 더 단 채, 도깨비들에게 두들겨 맞았어.

혹 떼러 갔다 혹 붙여 온다는 말이 바로 이럴 때 쓰는 말이야.

히이이이 잉~ 혹만 달고 가네이~

덜렁

덜렁

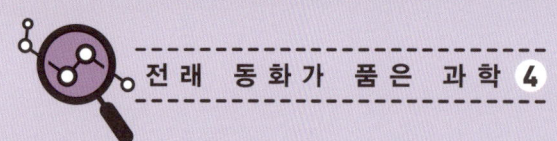

전래 동화가 품은 과학 ❹

"도깨비들아!
혹이 소리를
만든다고❓"

"소리는
목에 있는 성대가
떨리면서
나와❗"

후두두둑

소리가 만들어지는 원리

모든 소리는 물체가 떨리면서 발생해. 어떤 물체가 충격을 받아 떨리게 되면, 공기 속에 파동*이란 것이 생기지.

*파동이란 한 물체의 상태 변화가 주변으로 차츰 퍼져 가는 현상을 말해.

소리가 전해지는 원리

소리는 공기 속 파동을 통해 우리 귀에 닿게 돼. 공기 말고도 물속이나, 물체를 통해 소리를 전달받을 수 있어. 이처럼 소리를 전달하는 물질을 매질이라고 해.

소리를 듣는 원리

공기로 전해진 소리는 우리 귓바퀴를 통해 모이고, 외이도*를 통해, 고막으로 전달되는 거야.

***외이도란** 귓구멍부터 고막까지 이르는 관 형태의 청각 기관이야.

우리가 못 듣는 소리도 있다고?

우주에서는 어떤 소리도 전해지지 않아. 우주에는 소리를 전해 줄 공기가 없기 때문이야.

사람이 들을 수 있는 소리는 20헤르츠에서 2만 헤르츠 사이야. 20헤르츠 이하는 초저음파, 2만 헤르츠 이상은 초음파라고 하지.

요술 맷돌

먼 옛날, 마음씨 좋은 임금이 살았어. 이 임금은 신기하고 귀한 보물을 갖고 있었지. 바로 무엇이든 만들어 내는 요술 맷돌이었어. 백성들의 한 해 농사가 어려워 먹을 것이 없어지면 임금이 맷돌을 꺼내 외쳤어.

"맷돌아, 쌀을 내놓아라!"

그리고 맷돌의 손잡이를 잡고 슬근슬근 돌리면, 맷돌 사이로 쌀이 멈추지 않고 흘러나왔어. 백성들을 모두 먹이고도 남을 만큼 쌀이 쌓이면, 신하들이 쌀을 담아 백성들에게 나눠 주었지.

이제 더 쌀이 필요 없다 싶으면 임금님이 맷돌을 향해 외쳤어.

"맷돌아, 멈추어라!"

신하들과 백성들은 이런 맷돌을 아주 귀하게 여겼어. 백성을 생각하는 임금의 마음씨가 하늘에 닿아 내려온 귀한 보물이라고 생각했지.

맷돌이 만들 수 있는 것은 쌀 뿐만이 아니었어. 필요하다면 비단옷이나, 금은보화도 지치지 않고 만들어 낼 수 있었어.

임금이 욕심 많은 사람이었다면, 끝도 없이 맷돌 손잡이를 돌렸을 거야. 하지만 임금은 큰 욕심을 부리지 않았어. 정말 필요할 때, 백성들

을 도와야 할 때를 빼고는 맷돌을 쓰지 않았지.

그러던 어느 날, 이웃 나라에서 제일가는 도둑이 이 맷돌에 대한 소문을 들었어.

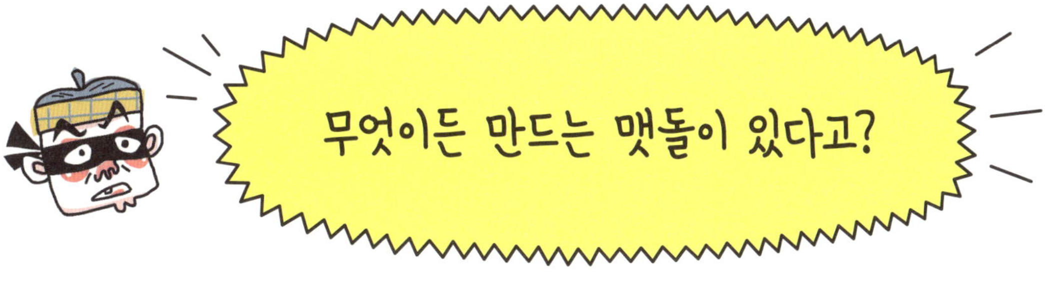

무엇이든 만드는 맷돌이 있다고?

 도둑은 소문을 듣고도 믿기지 않았어. 하지만 궁금하기도 했지. 만약 그런 맷돌이 정말 있다면 세상 제일가는 부자가 될 수 있을 테니까 말이야.
 도둑은 배를 타고 건너 와 임금이 사는 궁에 숨어들었어. 마침 임금이 신하들과 함께 맷돌을 돌리고 있었어.
 "맷돌아, 백성들을 위한 쌀을 내놓아라!"

숨어서 이를 지켜보던 도둑은 자신의 눈을 몇 번이고 비볐어. 맷돌에서 하얀 쌀이 흘러넘치는 광경을 믿을 수가 없었거든.

도둑은 다시 몸을 숨기고, 밤이 되어 모두가 잠들기만을 기다렸어. 임금도 신하도 모두 잠든 시각, 드디어 맷돌을 넣어 둔 창고에 숨어들었지. 도둑은 맷돌을 끌어안고 도망쳤어.

그리고 타고 왔던 배에 훌쩍 올라타 바다로 나아갔어. 이제

왕도 부럽지 않을 부자가 될 거라고 굳게 믿으면서.

　도둑은 바다 한가운데에 배를 세우고 고민에 빠졌어. 이 맷돌로 무엇을 만들까 하는 고민이었지. 황금을 만들어 달라고 할까, 쌀을 만들어 달라고 할까 고민하던 도둑은 무릎을 탁 쳤어. 소금이 아주 비싸게 팔린다는 것을 떠올린 거야. 먼 옛날에는 소금이 아주 귀해서 비싼 값에 사고 팔렸거든.

"옳지! 소금을 만들어서 부자가 되면 되겠구나."

도둑은 맷돌의 손잡이를 슬근슬근 돌리며 소리쳤어.

"맷돌아! 소금을 내놓아라! 그리고 나를 부자로 만들어 주어라!"

도둑의 말이 끝나자마자 맷돌에서 소금이 넘쳐흐르기 시작했어. 도둑은 너무 기쁜 나머지 손뼉을 치며 폴짝폴짝 뛰었어.

하지만 기쁨도 잠시. 소금이 흐르고 흘러 배 안 가득 쌓이기 시작했어. 배는 점점 가라앉고 있었지.

"어? 잠깐! 그만 멈춰!"

도둑이 당황해 소리쳤지만, 맷돌은 멈추지 않았어. 맷돌을 멈추는 주문은 그게 아니었으니까. 도둑은 궁에서 임금이 맷돌로 쌀을 만드는 주문만 들었지, 멈추는 주문은 듣지 못했던 거야.

소금으로 가득 차 무거워진 배는 점차 바닷속으로 가라앉았어. 도둑은 이러지도 못하고 저러지도 못하고 발만 동동 굴렀어. 결국 배와 도둑 그리고 맷돌은 모두 바다에 깊이 잠기고 말았지.

그래서 도둑은 어떻게 되었냐고? 글쎄?

하지만 맷돌이 어떻게 되었는지는 말해 줄 수 있어. 맷돌은 지금도 바다 깊은 곳에서 끊임없이 돌아가며 소금을 만들어 내고 있대. 바닷물이 짠 이유가 이 요술 맷돌 때문이라나, 뭐라나?

전래 동화가 품은 과학 5

"정말 요술 맷돌 때문에 **바닷물**이 **짠** 걸까?"

"**바닷물**에는 **염화나트륨**이 들어 있어서 **짠** 거야."

와- 올라간다!

육지에서 광물이 내려와~

우악- 짜!

염화나트륨

추운 겨울에도 바닷물이 잘 얼지 않는 이유는?

바닷물이 얼어서 생기는 얼음을 해빙이라고 해.
물은 0도 이하부터 얼어서 얼음으로 변해.
하지만 바닷물은 순수한 물이 아니라 여러 물질이 섞여 있어서
약 영하 2도 이하가 되어야 얼기 시작하지.
바닷물은 멈춰 있지 않고, 출렁출렁 파도가 치면서 계속 움직여.
그래서 고여 있는 호수보다 얼기가 쉽지 않아.
바닷물 속의 염화나트륨이 주위의 열도 빼앗고 말이야.

*용액이란 두 가지 이상의 물질이 고르게 섞인 액체를 말해.

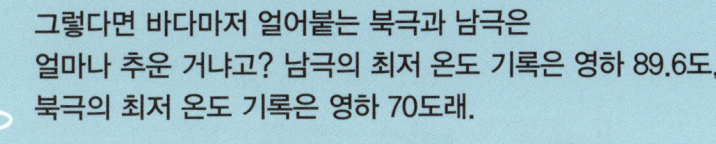

그렇다면 바다마저 얼어붙는 북극과 남극은 얼마나 추운 거냐고? 남극의 최저 온도 기록은 영하 89.6도, 북극의 최저 온도 기록은 영하 70도래.

설문대 할망

제주도가 탐라국이라고 불리던 시절, 아니 그보다 더 먼 옛날, 설문대 할망이라는 신이 살았어.

할망이 무슨 뜻이냐고? 할망이란 제주도 사람들이 쓰는 사투리로, 할머니를 뜻하는 말이야.

설문대 할망은 키가 아주 커다랗고 힘이 센 신이었어. 키가 얼마나 컸냐면, 아무리 바다 깊은 곳에 서 있어도 바닷물이 무릎에 찰랑찰랑 닿았어.

힘은 또 얼마나 셌는가 하면, 바닷속의 흙을 퍼 날라서 탐라국을 만들었어. 탐라국 위에 흙을 쌓아 한라산도 만들었지. 할망이 무심코 걸을 때마다 나막신에서 떨어져 나간 흙들이 크고 작은 산이 되어 오름으로 불렸어.

탐라국 사람들은 이런 설문대 할망을 무서워할 만도 했지만, 오히려 할망을 사랑했어. 설문대 할망이 탐라국 사람들에겐 풍요의 신이 었거든.

할망이 싼 오줌은 바닷물을 더욱 풍요롭게 만들었어. 그 덕분에 바다에는 다양한 물고기와 해초류가 넘쳐났지. 할망의 옷자락이 움직일 때면 탐라국에 시원한 바람이 불었어.

물속에서 물질을 하는 해녀들도, 배를 타고 일하는 사람들도 모두 할망 덕분에 안전하고 풍요롭게 살아가고 있다고 믿었지.

설문대 할망은 직접 의자를 만들었어. 바로 자신이 흙으로 쌓아 만든 한라산의 봉우리를 푹 하고 쳐 버렸지.

할망은 움푹해진 한라산 위로 엉덩이를 대고 앉았어. 할망이 앉았던 자리는 비가 내려 물이 고였고, 백록담이 되었어.

불편한 건 또 있었어. 할망에게 맞는 옷이 딱 한 벌밖에 없었다는 거야.

"이놈의 빨래! 귀찮아 죽겠네. 더러워질 대로 더러워져서 때도 안 지고 말이야!"

할망은 옷이 더러워질 때마다 빨래를 해야 했어. 한라산을 엉덩이로 깔고 앉아, 성산봉을 빨래 바구니 삼고, 우도를 빨랫돌 삼아 빨래를 했어.

옷을 얼마나 오래 입고 자주 빨았는지 옷이 낡고 낡아 헤졌지만, 별수 없었어. 할망 몸에 맞는 옷은 딱 한 벌 뿐이었으니까.

그러던 어느 날, 할망은 더는 안 되겠던지 사람들을 불러 모았어.

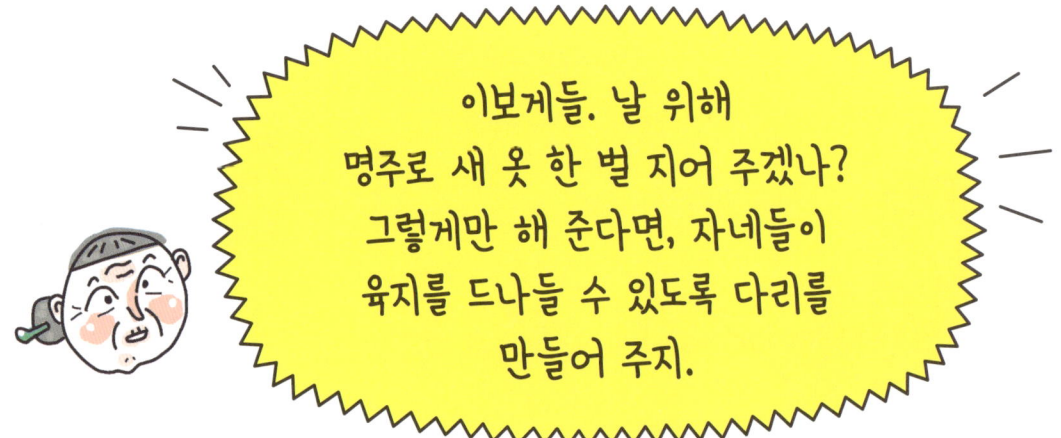

탐라국과 육지 사이에는 드넓은 바다가 펼쳐져 있었어. 그래서 섬에 사는 사람들은 육지에 가기 쉽지 않았지. 한평생 섬에 갇혀 살다시피 하는 그들에게 육지와 섬을 잇는 다리를 만들어 준다니, 반가운 말이었어.

그러나 쉽게 그러겠다고 대답하진 못했어. 할망의 몸에 맞는 옷을 만들기란 쉬운 일이 아닐 것 같았거든. 할망의 커다란 몸에 맞춰 옷을 지으려면 명주가 얼마나 필요할지 감도 안 왔고 말이야. 한참을 고민하던 사람들은 결국 어떻게든 할망의 옷을 만들어 보기로 결심했어.

사람들은 집집마다 명주를 긁어모았어. 탐라국에 있는 모든 명주를

가져왔다고 보면 될 거야.

명주를 가져온 사람들은 모두 모여 앉아 옷을 지었어. 하지만 한참 옷을 만들다 보니 이걸 어쩌나, 명주가 모자란 거야. 사람들이 탐라국 안에서 구한 명주가 모두 99통이었는데, 할망의 옷을 완성하려면 100통은 족히 필요했던 거지.

사람들은 속상하고 안타까웠어. 하지만 더는 명주가 없는걸. 어쩔 수 없는 일이었어.

"할망, 이를 어쩌면 좋아요. 명주가 모자라 옷을 다 짓지 못했어요."

　속상하고 실망스럽기는 할망도 마찬가지였어. 드디어 깨끗하고 반질반질한 새 옷을 입나 하고 기대했는데 말이야. 몸에 대어 보지 않아도 알았어. 입어 봤자 속살이 훤히 보이게 생겼으니까.

　"다들 고생했지만, 별 수 없구나. 약속은 약속이니 다리를 만들어 주진 못하겠다."

　할망은 사람들에게 그렇게 말하곤 바닷물을 휘적휘적 가르며 사라져 버렸단다.

전래 동화가 품은 과학 ⑥

"설문대 할망은 정말 제주도를 만들었을까?"

"제주도는 설문대 할망이 만든 게 아니라, 화산 활동으로 만들어졌어!"

제주도는 우리나라의 대표적인 화산섬*이야. 화산 활동 흔적을 잘 보존해서, 유네스코 세계 자연 유산으로 선정되기도 했어.

*화산섬은 바다 밑에 있던 화산이 폭발하면서 용암과 화산재 등이 쌓여 만들어진 섬을 말해.

화산 활동이란 땅 아래 깊은 곳에서 뜨겁게 달아오른 가스, 마그마 등이 땅 위로 솟아올라 폭발하는 것을 말해. 폭발하는 지점을 바로 화산이라고 하고 말이야.

나?
100% 현무암 돌하르방. 화산 ㄸ댄스. ㄸ댄스 ㄸ댄스 ㄸ라해

그렇다면 언젠가 한라산도 폭발하는 거 아닐까?

혹시 한라산은 휴화산이라고 알고 있니?
하지만 사실은 활화산이야. 1만 년 내에 화산 활동 기록이 있으면
활화산으로 판단하는데, 《세종실록지리지》 같은 조선 시대 역사책에
약 천 년 전에 화산 활동이 일어났다는 기록이 있거든.
지난 2020년에는 약 2,600년 전에 화산 활동이 일어났다는 기록도 발견됐지.
학자들에 따르면, 앞으로 한라산의 화산 분출은 충분히 가능성 있어.
그러나 폭발력이 강하진 않을 거라고 해.

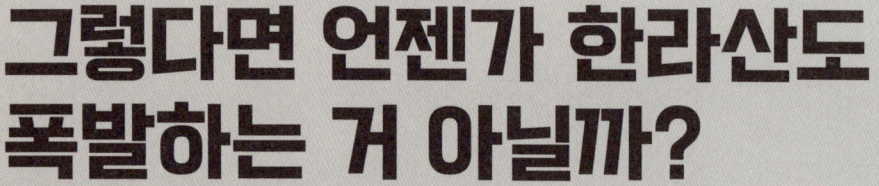

콰 콰 쾅

다 뿜어 낼 거야!

활화산 : 현재도 계속 화산 활동을 하는 산을 말해.